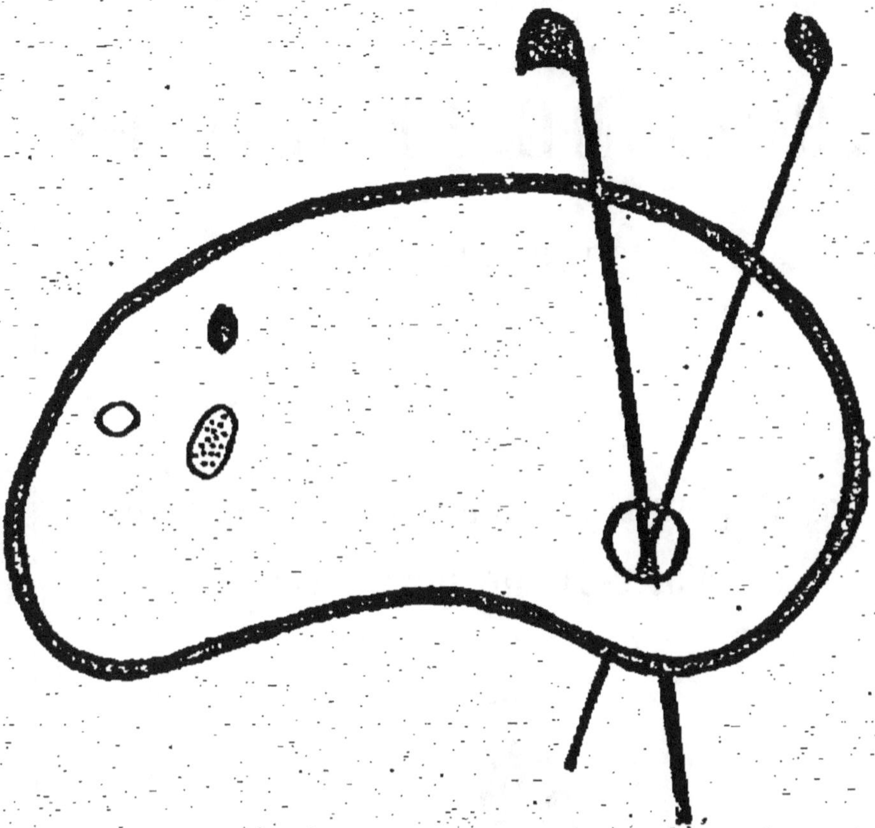

DEBUT D'UNE SERIE DE DOCUMENTS
EN COULEUR

PÈLERINAGE

DE

NOTRE-DAME DE GRACES

(DIOCÈSE D'ALBI).

Se vend pour l'entretien de la chapelle
de Notre-Dame de Grâces.

ALBI,

Imprimerie de M. Papailhiau.

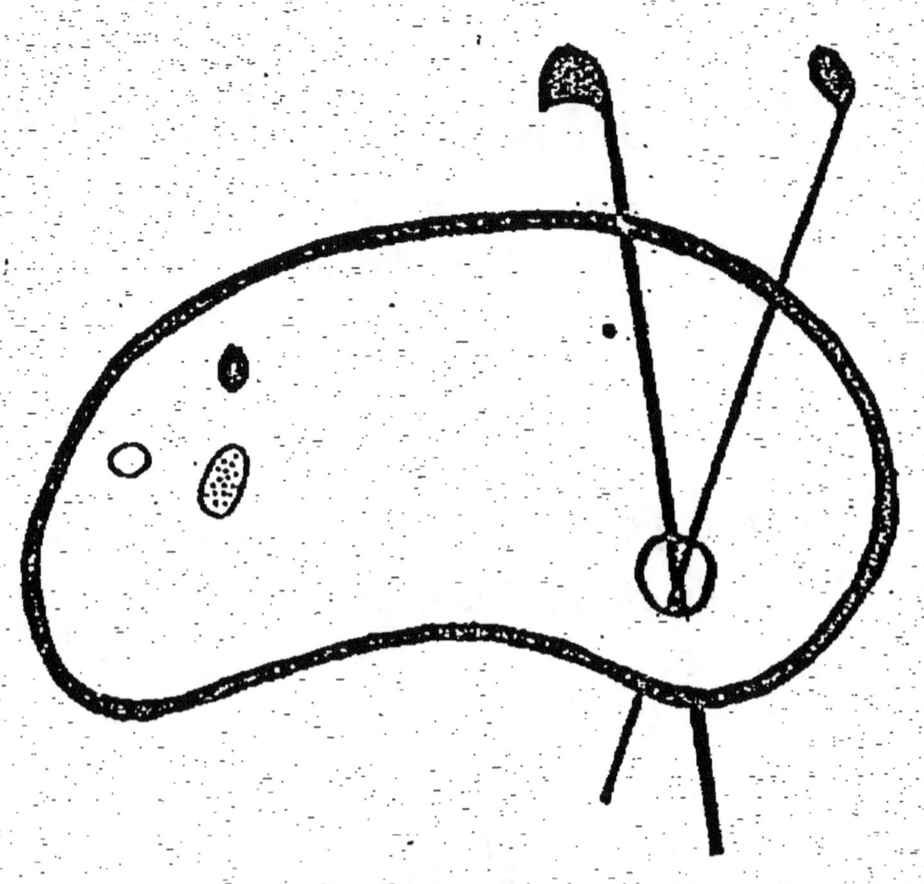

FIN D'UNE SERIE DE DOCUMENTS
EN COULEUR

PÈLERINAGE

DE

NOTRE-DAME DE GRACES

(DIOCÈSE D'ALBI).

———

Se vend pour l'entretien de la chapelle
de Notre-Dame de Grâces.

ALBI,

Imprimerie de M. Papailhiau.

Les pieux pèlerins, qui viennent visiter la chapelle de Notre-Dame de Grâces, se proposent d'honorer tout à la fois la très-sainte Vierge qui en est la patronne, et saint Vincent de Paul à qui elle doit principalement sa célébrité. Le présent opuscule n'a pour but que de satisfaire leur dévotion, en leur offrant : une courte notice sur l'antique sanctuaire, une vie abrégée du saint, tirée à peu près textuellement du bréviaire romain, quelques-unes de ses maximes et des litanies en son honneur. Ceux qui voudraient des détails plus complets peuvent lire l'intéressant ouvrage de M. l'abbé Maffre : *Pèlerinage à Notre-Dame de Grâces*, et l'une des nombreuses vies de saint Vincent de Paul qui sont répandues partout.

NOTRE-DAME DE GRACES.

Sur une colline, à peu de distance de la rive droite du Tarn, dans le diocèse d'Albi, s'élève une chapelle antique, dédiée à la sainte Vierge, sous le nom de Notre-Dame de Grâces. Ce modeste sanctuaire dont l'origine n'est pas bien connue, fut choisi par saint Vincent de Paul pour y célébrer sa première messe, en l'année 1600. Du village voisin de Buzet où il faisait l'éducation de quelques enfants, il aimait à se rendre avec ses élèves à ce pieux pèlerinage par un sentier que l'on montre encore. C'en fut assez pour donner à l'oratoire de Notre-Dame de Grâces comme une nouvelle consécration et y attirer un plus grand nombre de pèlerins. La tradition de ce fait s'est conservée toujours vivante dans le pays, et le 19 juillet, fête de saint Vincent de Paul, on y voit un concours considérable de fidèles.

L'humble chapelle, échappée comme par miracle, aux fureurs de la révolution, reçut vers

1820 les réparations les plus indispensables à sa conservation. D'autres travaux plus ou moins importants y furent exécutés dans la suite, selon que le besoin s'en faisait sentir. En 1837, le Supérieur général des Lazaristes lui fit don d'une relique de saint Vincent de Paul qui fut provisoirement déposée dans l'église de Mézens, et transférée, le 8 septembre, à Notre-Dame de Grâces, au milieu d'une pieuse affluence de prêtres et de fidèles. Huit ans plus tard, Sa Sainteté Grégoire XVI, par un Bref en date du 22 avril, accorda une indulgence plénière à tous les fidèles de l'un et de l'autre sexe qui, après s'être confessés et avoir fait la sainte communion, visiteraient la chapelle de Notre-Dame de Grâces, un des jours de l'octave de la fête de saint Vincent de Paul et le jour de la Nativité de la sainte Vierge.

De plus, Sa Sainteté accorde à tous les fidèles qui, pénétrés de sentiments de componction, visiteront, en quelque jour de l'année que ce soit, ladite chapelle et y adresseront à Dieu leurs prières, deux cents jours d'indulgence.

Toutes ces faveurs contribuèrent à rendre le pèlerinage de plus en plus fréquenté ; on y accourut non plus seulement des villages voisins, mais de contrées même éloignées. Des visiteurs illustres vinrent y chercher les traces vénérées du père des pauvres et du modèle des prêtres; on y vit entre autres le R. P. Lacordaire. Mais la visite qui donna le plus de célébrité à Notre-Dame de Grâces fut celle du successeur même de saint Vincent, de M. Etienne, supérieur général des Lazaristes et des Filles de la Charité, qui s'y rendit accompagné d'un grand nombre de membres de ses deux familles, de prêtres séculiers et de laïques pieux, et y célébra le saint sacrifice de la messe, sur le même autel où, deux siècles et demi auparavant, l'humble prêtre des Landes l'avait offert pour la première fois. Ceci se passait le 2 juillet 1851. La même touchante solennité se renouvela en 1856, avec des circonstances à peu près semblables, et procura, à la modeste chapelle, des vases sacrés et des ornements précieux dont elle avait été dépourvue jusque là.

De cette époque datent aussi des réparations plus complètes et plus régulières qui, tout en conservant à l'antique oratoire son caractère de simplicité, ont affermi ses murs en terre sèche que le temps menaçait de détruire, et donné à son intérieur la décence convenable. L'autel primitif a été conservé. Deux chapelles latérales dédiées, l'une au Sacré-Cœur de Jésus, l'autre à saint Vincent de Paul, ont été construites et ornées proprement. On a, de plus, bâti une petite sacristie et quelques dépendances qui offrent aux pèlerins un abri pour se reposer.

La chapelle de Notre Dame de Grâces se trouvant isolée, et à une assez grande distance du centre de la paroisse de Grazac dont elle fait partie, ne saurait être régulièrement desservie; on doit même par prudence la tenir habituellement fermée. Cependant le jour de la fête de saint Vincent de Paul, 19 juillet, et pendant toute l'octave, le dimanche excepté : le jour de la Nativité de la très-sainte Vierge et le dimanche où se célèbre la solennité de cette fête, une messe y est toujours dite à une heure convenable. Les autres jours, les pèlerins qui veulent s'y rendre doivent auparavant avertir Monsieur le Curé de la paroisse de leur intention.

Ce lieu est d'un abord assez difficile et même absolument impraticable aux voitures. Un chemin qui doit y conduire, en partant de Mézens, est déjà commencé. On recevra avec reconnaissance les offrandes qui seraient faites pour aider à le terminer.

S. VINCENT DE PAUL.

Vincent de Paul naquit en 1576, dans la paroisse de Poy, près de Dax, qui était alors le siége d'un évêché. Son père se nommait Guillaume de Paul et sa mère Bertrande de Moras. Ils avaient six enfants qu'ils élevaient dans la piété et qui les aidaient à cultiver leur modeste domaine. Vincent, qui était le troisième, fut employé à garder les troupeaux. On remarqua en lui, dès ses plus tendres années, le germe de cet amour pour les pauvres qui devait être plus tard sa vertu dominante. Lorsque son père l'envoyait au moulin chercher de la farine, s'il rencontrait des pauvres sur son chemin, il ouvrait le sac et leur en donnait des poignées. Ayant une fois ramassé jusqu'à trente sous, somme considérable pour lui, il la donna généreusement à un malheureux qui lui demandait l'aumône.

Guillaume de Paul qui aperçut de bonne heure dans son fils de rares dispositions pour les sciences et pour la piété, résolut de le faire étudier et il l'envoya chez les Cordeliers de Dax qui tenaient un collége. A l'âge de vingt ans, Vincent se rendit à Toulouse pour suivre un cours de théologie. Dans cette ville, de même qu'à Dax, les leçons qu'il donna à quelques jeunes gens, fournirent un supplément à son peu de fortune. Il fut ordonné prêtre en 1600, et continua néanmoins ses études et le soin qu'il donnait à ses jeunes élèves.

En 1605, étant allé à Marseille pour recueillir un legs que lui avait fait un de ses amis, il revint par mer jusqu'à Narbonne ; mais avant d'arriver, il fut pris par des pirates musulmans et vendu comme esclave à Tunis. Délivré deux ans après, par une protection spéciale de la sainte Vierge, il repassa en France avec son dernier maître qu'il avait converti, puis se rendit à Rome, où il visita avec une grande dévotion les tombeaux des saints Apôtres.

De retour dans sa patrie, Vincent fût successivement, curé de Clichy près de Paris, de Châtillon-les-Dombes dans la Bresse, précepteur des enfants du comte de Gondi, aumônier général des galères ; et dans toutes ces positions il se distingua toujours par la pratique des plus éminentes vertus, surtout par son humilité, sa douceur et son zèle à évangéliser les pauvres.

Ayant été amené par un concours de circonstances toutes providentielles, à fonder, en 1624, une société de prêtres, qui fut appelée *Congrégation de la Mission*, il se consacra avec une ardeur infatigable, lui et les siens, à prêcher des missions dans les campagnes, et continua ce laborieux ministère jusqu'à la plus extrême vieillesse. Sa congrégation n'a jamais cessé de s'appliquer à ces fonctions qui, avec la direction des séminaires, sont les fins principales qu'elle se propose. Les constitutions que lui donna son saint fondateur, furent approuvées en 1632 par le saint-Siége; et la même année, le vaste prieuré de saint Lazare lui ayant été cédé par les religieux qui l'habitaient, devint la maison mère de tout l'institut, et la résidence de son supérieur général. C'est de là que vint aux prêtres de la mission le nom de Lazaristes sous lequel ils sont connus en France. Vincent de Paul contribua beaucoup à ramener le clergé à l'observance exacte de la discipline que le malheur des temps avait relachée presque partout; l'établissement des grands séminaires, les conférences écclésiastiques, les retraites des ordinands furent les principaux moyens qu'il employa; pour encourager les clercs et même les laïques aux salutaires exercices de la retraite spirituelle, il voulut que les maisons de sa congrégation fussent ouvertes à tous ceux qui désireraient s'y livrer. De plus, pour répandre la foi et la piété chrétienne, il envoya les membres de sa communauté, non-seulement en diverses provinces de France, mais encore en Italie, en Pologne, en Ecosse, en Irlande et même en Barbarie et aux Indes. Après la mort de Louis XIII qu'il assista dans ses derniers moments, appelé par la reine Anne d'Autriche, mère de Louis XIV, au conseil de conscience, dont les fonctions étaient de nommer aux bénéfices vacants dans le royaume, il mit tous ses soins à faire donner de dignes prélats aux diocèses et de bons supérieurs aux monastères, à éteindre les discordes civiles, à abolir les duels, à dissiper les erreurs naissantes du jansénisme dont il eut toujours une profonde horreur, et à obtenir de tout le monde la soumission qui est justement due aux jugements du saint-Siége. Son cœur paternel sût trouver des secours pour tous les genres de misères. Les chrétiens qui gémissaient dans les chaînes de l'esclavage chez les Turcs, les enfants abandonnés, les jeunes gens entraînés au désordre, les jeunes filles en danger de se perdre, les religieuses dispersées, les femmes coupables, les galériens, les voyageurs malades, les ouvriers invalides, les fous même, et d'innombrables mendiants, recevaient de lui assistance et consolation. On lui doit plusieurs hôpitaux qui, aujourd'hui encore, abritent les malades et les indigents. La Lorraine, la Champagne, la Picardie et d'autres contrées, ravagées par la peste, la famine et la guerre, obtinrent de sa charité d'abondantes aumônes. Les sommes qu'il recueillit pour la Lorraine seule, s'élevèrent à plus d'un million et demi. Par son zèle, plusieurs associations furent fondées dans le

but de rechercher et de secourir les malheureux ; les plus célèbres sont, la société des
Dames de la charité, et la compagnie bien
connue et répandue au loin sous le nom de
Filles de la Charité qui se dévoue principalement à soigner les malades et à instruire les
enfants du peuple. Il s'employa aussi à l'établissement des Sœurs de la Croix, de la Providence et de sainte Geneviève, pour l'éducation
des jeunes filles. Chargé par saint François
de Sales de la direction des religieuses de la
Visitation, de Paris, il les gouverna pendant
quarante ans environ avec tant de sagesse,
qu'on vit se confirmer pleinement le jugement
de ce prélat qui avait dit qu'il ne connaissait
pas de prêtre plus digne que Vincent de Paul.

Au milieu de tant et de si graves affaires,
on voyait le saint homme constamment pénétré
de la présence de Dieu, affable envers tout le
monde et toujours semblable à lui-même, simple, droit, humble, rempli d'une pieuse aver-
sion pour les honneurs, les richesses et les
plaisirs. Toute son âme se révèle dans ces
mots : *Rien ne me plaît qu'en Jésus-Christ.*
Sa pratique de prédilection était de suivre en
toutes choses les exemples et les maximes de
ce divin maître. Enfin, épuisé par ses austé-

rités, le travail et la vieillesse, le 27 septembre 1660, à l'âge de 85 ans, il mourut paisiblement à Paris, dans la maison de saint Lazare, entouré de ses enfants, les prêtres de la Mission.

Illustre par ses bienfaits, ses vertus et ses miracles, il fut canonisé par le pape Clément XII en 1737 ; sa fête est fixée au 19 juillet. Son corps repose à Paris dans l'église de la maison principale de la Congrégation de la Mission, et Dieu continue à l'honorer par de fréquents miracles.

Outre la fête du 19 juillet qui se célèbre dans toute l'Eglise en l'honneur de saint Vincent de Paul, ses enfants l'honorent encore spécialement le 2e dimanche après Pâques, anniversaire de la translation de ses reliques, qui eut lieu à Paris, en 1830, avec une très-grande solennité, et le 27 septembre, jour de sa bienheureuse mort.

MAXIMES DE S. VINCENT DE PAUL.

On doit faire profession d'agir toujours suivant la doctrine de Jésus-Christ, qui ne peut jamais tromper, et ne se conformer jamais aux maximes du monde qui trompe toujours.

Celui qui a mis toute son espérance en Dieu doit être certain que quand l'univers entier se soulèverait contre lui, il n'arrivera rien que ce qu'il plaira à Dieu.

La charité fraternelle est le sceau de notre prédestination, puisqu'elle démontre que nous sommes de vrais disciples de Jésus-Christ.

Comme c'est le propre du feu d'éclairer et d'échauffer, c'est le propre de la charité de communiquer ses lumières et son ardeur.

Nous devons remercier et bénir Dieu, quand nous nous trouvons dans l'occasion de souffrir quelques peines en exerçant la charité.

On ne peut faire un meilleur usage des biens de la terre que de les faire servir à des œuvres de charité. Par là on les fait en quelque sorte retourner à Dieu qui est leur source et qui est aussi la dernière fin à laquelle toutes choses doivent se rapporter.

La lumière de la foi nous fait découvrir dans les pauvres les vraies images du Fils de Dieu, qui ne se contenta pas d'être pauvre, mais qui voulut encore être appelé le maître, le docteur et le père des pauvres.

Dieu aime les pauvres, et par conséquent il aime ceux qui ont de l'affection pour les pauvres; car, quand on aime beaucoup quelqu'un on aime ses amis et ses serviteurs.

La simplicité nous fait aller droit à Dieu, sans consulter notre intérêt propre ni le respect humain. Elle nous fait parler et agir simplement, sans déguisement et sans artifice; et non seulement elle nous fait un devoir de la vérité et de la pureté d'intention, mais elle nous inspire le plus grand éloignement pour toute espèce de duplicité.

De tous les moyens de conserver l'union et la charité avec le prochain, le plus efficace et le meilleur, c'est la sainte humilité, c'est de se mettre au-dessous de tout le monde et de se regarder comme le plus vil de tous.

Nous devons laisser à Dieu toute la gloire et ne garder pour nous que le mépris et la confusion : voilà uniquement ce qui nous est dû.

Nous devrions regarder les autres comme nos supérieurs, nous soumettre à eux quoiqu'ils soient au-dessous de nous, et les prévenir par toute sorte de respects et de services. Oh ! qu'il serait glorieux et avantageux pour nous que la bonté de Dieu daignât nous affermir dans une semblable pratique !

La douceur et le support du prochain sont une source de paix et un lien de perfection qui unit les cœurs.

Plus l'amour de Dieu s'accroît dans une âme et plus l'amour des souffrances et des humiliations s'accroît en elle.

Celui qui néglige les mortifications extérieures sous le prétexte que les mortifications intérieures sont plus parfaites, fait voir clairement qu'il n'est mortifié ni extérieurement ni intérieurement.

Une âme toujours dirigée par l'esprit de Dieu devient capable de faire des choses extraordinaires.

Nous sommes heureux quand le Seigneur nous met dans un état où nous pouvons honorer sa pauvreté par la nôtre : nous sommes alors dans une heureuse nécessité de dépendre en tout de la divine Providence; nous avons mille occasions de recourir à sa bonté, de compatir aux misères des pauvres, et de pratiquer plusieurs actes de patience, d'humilité, de mortification, de conformité à la volonté de Dieu.

Tout ce qu'une créature peut faire de bien consiste à accomplir la volonté de Dieu, et l'on ne l'accomplit jamais mieux que lorsque l'on pratique l'obéissance.

On ne doit jamais abandonner une œuvre entreprise avec réflexion, à raison de difficultés qu'on y rencontre.

Notre perfection consiste à unir tellement notre volonté à celle de Dieu, que nous ne voulions que ce qu'il veut. Celui qui conformera le plus sa volonté à celle de Dieu sera le chrétien le plus parfait.

La perfection consiste à se renoncer soi-même, à porter sa croix, à suivre Jésus-Christ; or celui qui se renonce davantage, qui porte le mieux sa croix, qui suit de plus près Jésus-Christ, c'est celui qui ne fait jamais sa volonté, mais toujours celle de Dieu.

Il n'y a que ceux qui ont une humilité profonde et un sincère mépris d'eux-mêmes qui puissent être propres aux œuvres de Dieu.

Se résigner à la volonté de Dieu pour souffrir tout ce qu'il lui plaira, et aussi longtemps qu'il lui plaira, voilà la grande leçon que nous donne le Fils de Dieu : ceux qui l'apprennent bien et qui la gravent dans leur cœur, sont de la première classe dans l'école de Jésus-Christ.

Chacun de nos jours est marqué au coin de la protection de Marie qui veut bien être notre mère quand nous voulons être ses enfants.

Oh ! qu'il est malheureux d'être sans croix ! Quand nous ne souffrons rien, nous ne sommes pas conformes à Jésus-Christ ; et c'est pourtant cette conformité qui est la véritable marque de notre prédestination.

Les familles et les particuliers doivent regarder comme un malheur d'être toujours tranquilles, de voir tout réussir au gré de leurs désirs, et de n'avoir rien à souffrir par amour pour Dieu.

Celui qui aura aimé les pauvres pendant sa vie verra sans effroi approcher le moment de sa mort.

De tous les moyens que Dieu présente aux hommes pour réformer les désordres de leur vie, il n'en est aucun qui ait produit des effets plus éclatants, plus multipliés et plus merveilleux que celui des exercices de la retraite.

La condescendance dans les choses mauvaises ou dangereuses n'est pas une vertu ; c'est une faiblesse et un désordre.

Un homme d'oraison est capable de tout ; il peut dire hardiment avec l'Apôtre : *Je puis tout en celui qui me fortifie.*

Il faut employer au moins autant de temps à remercier Dieu de ses bienfaits qu'on en a mis à les lui demander.

LITANIES DE S. VINCENT DE PAUL.

Seigneur, ayez pitié de nous.
Jésus-Christ, ayez pitié de nous.
Seigneur, ayez pitié de nous.
Jésus-Christ, écoutez-nous.
Jésus-Christ, exaucez-nous.
Père Céleste qui êtes Dieu, ayez pitié de nous.

Fils, Rédempteur du monde, qui êtes Dieu, ayez pitié de nous.

Esprit-Saint qui êtes Dieu, ayez pitié de nous.

Sainte-Trinité qui êtes un seul Dieu, ayez pitié de nous.

Sainte Vierge Marie, priez pour nous.

Saint Vincent de Paul, priez pour nous.

S. Vincent, qui dès l'âge le plus tendre avez fait paraître la sagesse de l'âge mûr, priez pour nous.

S. V. qui dès l'enfance avez été plein de compassion et de miséricorde, priez pour nous.

S. V. qui de simple berger, comme David, êtes devenu chef et pasteur du peuple de Dieu, priez pour nous.

S. V. qui dans votre captivité avez conservé une parfaite liberté, priez pour nous.

S. V. le juste par excellence qui vit de la foi,

S. V. toujours appuyé sur l'ancre ferme de l'espérance chrétienne,

S. V. toujours embrasé du feu de la charité,

S. V. l'homme véritablement simple, droit et craignant Dieu,

S. V. le vrai disciple de Jésus-Christ, doux et humble de cœur,

S. V. parfaitement mortifié de corps et d'esprit,

S. V. toujours vivant et animé de l'esprit de Jésus-Christ,

S. V. le généreux zélateur de la gloire de Dieu,

S. V. toujours brûlant au dedans, toujours transporté au dehors du zèle du salut des âmes,

S. V. l'ennemi déclaré et le censeur perpétuel du monde et de ses maximes,

S. V. qui dans la pauvreté chrétienne avez trouvé la perle précieuse et le riche trésor de l'évangile,

S. V. émule de la pureté des anges,

S. V. qui avez remporté les victoires promises à l'homme obéissant,

S. V. dès vos premières années constamment appliqué aux travaux de la charité,

S. V. qui avez fui avec une exacte circonspection jusqu'à la plus légère apparence du mal,

S. V. qui dans toutes vos actions avez aspiré à la pratique de la plus parfaite vertu,

S. V. qui comme un rocher êtes toujours demeuré iné-
branlable au milieu de la mer orageuse du monde,
S. V. qui comme un soleil constant dans sa course,
avez toujours marché dans les sentiers de la vraie
sagesse,
S. V. toujours invincible à tous les traits de l'adversité,
S. V. aussi patient à souffrir qu'indulgent à pardonner,
S. V. enfant toujours docile et obéissant de l'Eglise
romaine,
S. V. jusqu'à la mort inviolablement attaché au Siége
apostolique,
S. V. qui avez eu une horreur extrême et des nouveautés
profanes et des expressions artificieuses de l'erreur,
S. V. spécialement destiné par la Providence pour an-
noncer l'évangile aux pauvres,
S. V. le tendre père et le parfait modèle des ecclé-
siastiques,
S. V. le sage fondateur de la Congrégation de la Mission,
S. V. le prudent instituteur de la Compagnie des Filles
de la Charité,
S. V. toujours sensible à compatir, toujours prompt à
subvenir à toutes les nécessités des pauvres,
S. V. également fervent et dans l'exercice de la prière,
et dans le ministère de la parole,
S. V. le parfait imitateur de la vie et des vertus de
Jésus-Christ,
S. V. qui jusqu'à la fin avez persévéré dans la fuite
du mal et dans la pratique du bien,
S. V. dont la mort comme la vie a été si précieuse
devant Dieu,
S. V. qui, par la connaissance de la première vérité,
par l'amour de la souveraine bonté, jouissez d'un
bonheur parfait, demandez pour tous les chrétiens et
surtout pour vos chers enfants que, marchant fidèle-
ment sur vos traces, ils arrivent au même terme et
participent au même bonheur.

Agneau de Dieu qui effacez les péchés du monde, par-
donnez-nous, Seigneur.
Agneau de Dieu qui effacez les péchés du monde, exaucez-
nous, Seigneur.
Agneau de Dieu qui effacez les péchés du monde, ayez
pitié de nous, Seigneur.

℣. Le Seigneur a conduit le juste par les voies de la droi-
ture et de l'équité.

℟. Et il l'a fait arriver au royaume de Dieu.

PRIÈRE.

O Dieu qui, par saint Vincent de Paul, avez donné
à votre Eglise une famille nouvelle, destinée à procurer
le salut des pauvres et à former des prêtres selon votre
cœur : faites qu'animés du même esprit, nous aimions
ce qu'il a aimé et nous pratiquions ce qu'il a enseigné.
Par Jésus-Christ.

HYMNE DES VÊPRES

DE LA FÊTE DE S. VINCENT DE PAUL.

Quis novus cœlis agitur triumphus ?
Cœlitum plausum comitentur hymni :
Ecce lux cleri, pater indigentûm
    Æthere splendet.

Facta, Vincenti, tua te perornant,
Charitas aptat capiti coronam ;
Teque, quam terris humilis parasti,
    Gloria vestit.

Quam rudes olim populos docebas,
Veritas nunc se tibi tota pandit :
Pauperi quidquid pia dextra fudit ;
    Reddit olympus.

Te sacerdotes vel adhuc magistro ;
Optimum Christi referunt odorem ;
Pullulat per te sacra lœtiori
    Vinea fœtu.

Sed tibi quantum decus elaborant
Virgines castæ, sociæque matres!
Pauperum gaudent, duce te fideles
    Esse ministræ.

Corde qui puro miseros levabas,
Disce nunc velis hominum rogari;
Te suum clamant inopes, amica
    Turba patronum.

Summus æterno sit honos Parenti;
Par decus nato miseros levanti;
Sancte, sit compar tibi laus per omne,
    Spiritus, ævum. Amen.

Approuvé par Monseigneur l'Archevêque d'Albi.

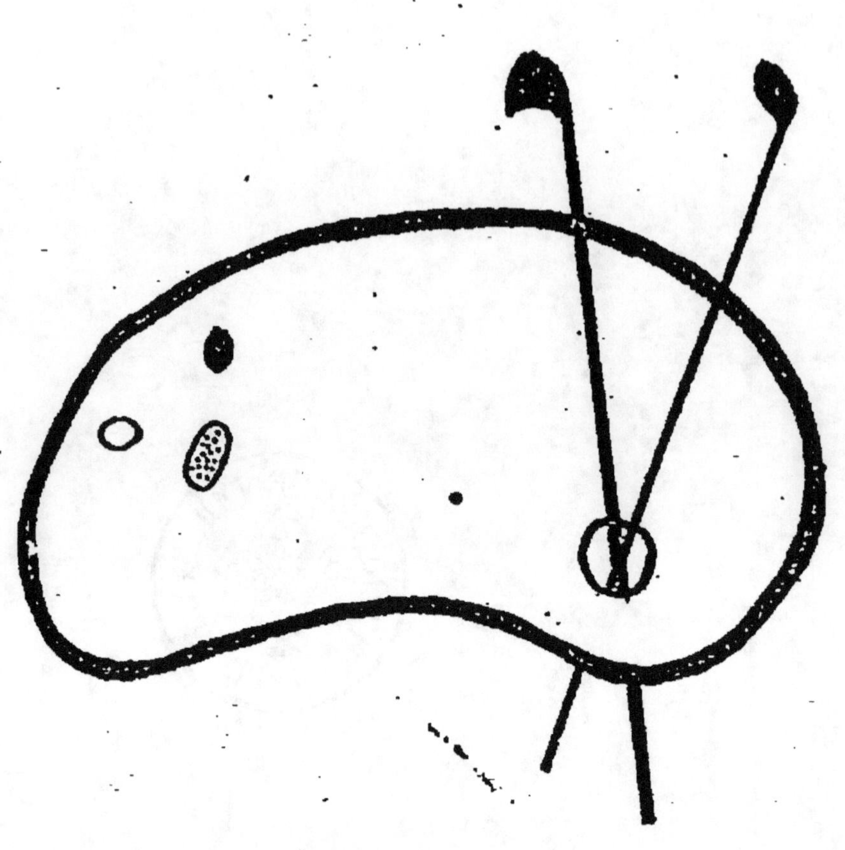

ORIGINAL EN COULEUR

NF Z 43-120-8